Inhalt

Neue Trends im Personalmarketing - Recruiting mit Emotionen

Kernthesen

Beitrag

Fallbeispiele

Weiterführende Literatur

Impressum

Neue Trends im Personalmarketing - Recruiting mit Emotionen

Robert Reuter

Kernthesen

- Beim Kampf um die besten Köpfe setzen Personaler zunehmend auf Emotionen.
- Begeistert werden sollen mögliche Kandidaten unter anderem durch Videoclips, in denen Mitarbeiter mit Testimonials für ihr Unternehmen werben.
- Auch die Printannonce in der Zeitung ist nicht "out". Sie wird immer öfter durch Quick-Response-Codes mit dem Webauftritt des Unternehmens verbunden.

Beitrag

Zielgerichtete Ansprache mit Emotionen

Die Aufgabe des Personalmarketings ist es, das Unternehmen langfristig mit geeigneten Mitarbeitern zu versorgen. Da sich der Kampf um die besten Köpfe in den letzten Jahren stetig verschärft hat, kommt auch dem Personalmarketing eine wachsende Bedeutung zu. Dabei reicht es schon heute nicht mehr aus, im Rahmen eines professionellen Employer Brandings das Unternehmen als attraktive Arbeitgebermarke zu positionieren. Viel mehr müssen die Unternehmen ihre Botschaften aktiv nach außen kommunizieren, wofür ein Auftritt in sozialen Netzwerken wie Facebook oder Twitter ebenfalls nicht mehr ausreicht. Gefragt ist stattdessen eine Kommunikationsstrategie, die zwar auf der Arbeitgebermarke aufsetzt, zusätzlich aber zielgerichtet jene Menschen anspricht, die für das Unternehmen passende Mitarbeiter sein könnten. Mit anderen Worten: Die Bewerber müssen da abgeholt werden, wo sie stehen.

Modernes Personalmarketing setzt darum immer stärker auf Emotionen, die zum Beispiel dadurch geweckt werden, dass junge Mitarbeiter der Firma in einem Video über ihre Erfahrungen mit dem Arbeitgeber berichten. Der Trend heißt dabei "Storytelling". Statt trockener Stellenannoncen oder textlastiger Selbstvorstellungen setzen die Unternehmen zunehmend auf Köpfe und Gesichter, die authentisch und mit glaubwürdiger Begeisterung für den Arbeitgeber werben. Die Videoansprache als Hilfsmittel für das Recruiting erlaubt etliche ganz unterschiedliche Filmmacharten, über deren unterschiedliche Wirksamkeit aber noch Unklarheit herrscht. So setzen einige Unternehmen auf professionell hergestellte Clips, während andere der Wackelkamera mit Handy-Anmutung den Vorzug geben. Ein weiteres Medium, mit dem sich lebhaft erzählte Geschichten aus dem Unternehmen transportieren lassen, ist das gute alte Radio. Das Ziel der neuen Maßnahmen ist es prinzipiell, geeignete Kandidaten aufzuspüren, die gar nicht auf der Suche sind oder die sich eigentlich für andere Jobs interessieren. Neben guten Botschaften müssen Unternehmen dabei immer mehr auf zufriedene und engagierte Mitarbeiter verweisen können, um als attraktive Arbeitgeber gesehen zu werden. (1), (2), (5), (8)

Vielzählige Berührungsszenarien

Die neuen Wege des Personalmarketings stellen der Entwicklung Rechnung, dass es den einfachen Weg zum Bewerber nicht mehr gibt. Die Zeiten, in denen Stellenannoncen hauptsächlich in der Tageszeitung oder per Computer auf dem Arbeitsamt Verbreitung fanden, sind vorbei. Stattdessen muss der Personaler den Jogger, der sich die Stellenangebote vom Sprachassistenten vorlesen lässt, genauso erreichen wie den Studenten, der während der Vorlesung per Tablet-PC den Stellenmarkt durchstöbert. Auch die Gewöhnung des Internetnutzers an kurze und knackige Botschaften muss beachtet werden. Die Kernbotschaft sollte, so sagen die Experten, in wenigen Sekunden erfasst werden. Starke Design-Elemente und eine auf wenige Worte reduzierte Headline tragen ebenfalls dazu bei, die Unternehmensbotschaft trotz ihrer Kürze im Gedächtnis der Zielperson zu verankern. (1)

QR-Codes modernisieren die Printanzeige

Noch lange nicht ausgedient hat in der schönen neuen Recruitingwelt die Printanzeige. Diese wird heute durch Quick-Response-Codes (QR-Codes) ergänzt, die der Zeitungsleser mit seiner Handykamera abfotografieren kann und über die er dann zu weiteren Informationen auf dem Web-

Auftritt weitergeleitet wird. Ähnlich wie beim Videoclip auf Youtube oder beim Web-Auftritt besteht noch Unklarheit darüber, wie sinnvoll die Garnierung von Zeitungsannoncen mit Web-Zusätzen ist. Kritiker führen an, dass der Gebrauch des Smartphones nicht zum Frühstückstisch passe. Andere weisen darauf hin, wie sehr mobiles Internet zum Begleiter in allen Lebenslagen geworden ist - und darum auch am Frühstückstisch zum Einsatz kommt. Gleichwohl bietet die Verbindung der Zeitungsannonce mit dem Web die Chance, auch über bloße Printmedien ganze Jobwelten zu verkaufen, wie es im Personalmarketing derzeit schon en vogue ist. (1)

Nachholbedarf bei Facebook und Twitter

So hoch das Tempo ist, mit dem sich das Personalmarketing neue Zugangskanäle zum Bewerber verschafft, so geht es mit der Verbreitung dieser Maßnahmen prinzipiell doch eher schleppend voran. So haben viele Unternehmen schon bei der Nutzung der sozialen Netzwerke für das Personalrecruiting Nachholbedarf. Obwohl Employer Branding per Facebook/Twitter schon seit Jahren eines der Hauptthemen für Human Resource Manager darstellt, verläuft die Implementierung entsprechender Inhalte auf den Webseiten der Unternehmen immer noch langsam. Begründet ist die allgemeine Zurückhaltung nach Ansicht von Experten darin, dass das Management sich dieser Aufgabe oft gar nicht annimmt. Zudem ist Marketing- und Social-Media-Affinität augenscheinlich immer noch keine Stärke von Personalabteilungen. (3)

Trends

Online-Spiele als Eignungstests

Manche Arbeitgeber locken Bewerber neuerdings mit Online-Spielen auf ihren Karriereseiten im Internet. Bei den meisten Spielen handelt es sich um einen Marketing-Gag, jedoch nicht bei allen. Einige Spiele testen den Spieler unbemerkt auf seine Qualitäten hin und fungieren so als versteckter Eignungstest. So schickt die Deutsche Telekom angehende Nachwuchskräfte in einem Online-Spiel durch eine virtuelle Version ihrer Bonner Unternehmenszentrale. Dort muss der Spieler teils einfache, teils anspruchsvolle Aufgaben aus dem Arbeitsalltag lösen. Mit ihrem Recruiting-Spiel wirbt die Telekom um Schulabgänger von Realschulen und Gymnasien, die auf der Suche nach einem Ausbildungsplatz sind.

Virtuelle Karrierespiele und bunt animierte Online-Einstellungstests finden sich mittlerweile auf vielen Karriereseiten von Arbeitgebern. (4)

Fallbeispiele

Erfolgreiche Recruiting-Kampagne von Stihl

Der mittelständische Motorsägen-Hersteller Stihl folgt bei der Personalsuche den neuen Trends und hat eine erfolgreiche Kampagne gestartet. Ein Claim (Werbeslogan) positioniert die Arbeitgebermarke, Bilder setzen die Produkte in Szene, und Mitarbeiter führen als Testimonials Jobsuchende in die Stihl-Welt ein. Die Printanzeigen haben den oben beschriebenen QR-Code. Noch dazu hat das Unternehmen für das Internet und die eigene Karriereseite ein interaktives Format entwickelt, in das auch ein Image-Video eingebunden ist. Zudem ist Stihl auf Facebook und Youtube präsent und pflegt dort den Dialog mit der Zielgruppe. (1)

Kurzfilme im Kino

Besondere Anstrengungen beim Kampf um die besten Köpfe unternimmt auch die Spedition Friedrich Zufall. Das Unternehmen reagierte mit einer teuren Kampagne auf die stetig sinkenden Bewerberzahlen. Unter anderem wurden Kurzfilme gedreht, die das Unternehmen in örtlichen Kinos zeigt. (3)

Personaler auf dem Schulhof

Immer mehr Firmen sprechen bereits Schüler auf dem Schulhof an. Das Unternehmen Imtech geht sogar in Grundschulen. Dafür wurde ein Schauspieler engagiert, der in den Schulklassen als verrückter Professor auftritt und spannende Experimente vorführt. Die Kampagne heißt "Energie. Bildung. Zukunft." und wurde zusammen mit einer Schulmarketingagentur entworfen. Insgesamt konnten 6 000 Schüler auf diese Weise erreicht und für das Unternehmen interessiert werden. (6)

Bundeswehr in der "Bravo"

Kritik an ihrem Personalmarketing musste sich unlängst die Bundeswehr gefallen lassen. Diese hatte versucht, sich per Anzeige in der "Bravo" als attraktiver Arbeitgeber darzustellen, was aber schief ging. Die Bundeswehr musste sich den Vorwurf gefallen lassen, mit der Anzeigenplatzierung in einem Jugendmagazin gegen die Uno-Kinderrechtskonvention verstoßen zu haben. (7)

Weiterführende Literatur

(1) Bewerber richtig abholen
aus werben & verkaufen Nr. 47 vom 22.11.2012, S. 68 - 70

(2) "Marke Mitarbeiter" bringt Erfolg
aus "medianet" Nr. 1595/2012 vom 23.11.2012 Seite: 78

(3) Facebook als Fenster zur Firma
aus DVZ, Nr. 129 vom 16.11.2012

(4) Die Spielchen der Personalchefs
aus Handelsblatt Karriere Bewerberguide 2013 Seite 246

(5) Frisch aus dem Hörsaal - auf in den Handel!
aus Lebensmittel Praxis Heft 01/2013, Seite 24

(6) Personaler auf dem Schulhof
aus Personalmagazin, Heft 02/2013, S. 30

(7) Werber in Uniform
aus Personalmagazin, Heft 12/2012, S. 28

(8) Die Macht Der Marke
aus LEAD digital Nr. 23 vom 14.11.2012, S. 17 - 21

Impressum

Neue Trends im Personalmarketing - Recruiting mit Emotionen

Bibliografische Information der deutschen Nationalbibliothek

Die Deutsche Nationalbibliothek verzeichnet diese Publikation in der deutschen Nationalbibliografie; detaillierte bibliografische Daten sind im Internet über http://dnb.d-nb.de abrufbar.

ISBN: 978-3-7379-0984-6

© 2015 GBI-Genios Deutsche Wirtschaftsdatenbank GmbH, Freischützstraße 96, 81927 München, www.genios.de

Alle Rechte vorbehalten. Dieses Werk ist einschließlich aller seiner Teile – z.B. Texte, Tabellen und Grafiken - urheberrechtlich geschützt. Jede Verwertung außerhalb der Grenzen des Urheberrechtsgesetzes bedarf der vorherigen Zustimmung des Verlags. Dies gilt insbesondere auch für auszugsweise Nachdrucke, fotomechanische

Vervielfältigungen (Fotokopie/Mikroskopie), Übersetzungen, Auswertungen durch Datenbanken oder ähnliche Einrichtungen und die Einspeicherung und Verarbeitung in elektronischen Systemen.